大方廣佛華嚴經 寫經

51

🪷 일러두기

1. 『사경본 한글역 대방광불화엄경』은 『독송본 한문·한글역 대방광불화엄경』에 수록된 한글역을 사경하는 데 편의를 도모하기 위해 편집을 달리하여 간행한 것이다.

2. 『독송본 한문·한글역 대방광불화엄경』은 실차난타가 한역(695~699)한 80권 『대방광불화엄경』의 한문 원문과 한글역을 함께 수록한 것이다. 한문 저본은 고종 2년(1865) 월정사에서 인경한 고려대장경 『대방광불화엄경』이다.

3. 한글 번역은 동국역경원에서 발간한 한글 『대방광불화엄경』(운허)을 중심으로 하고 『신화엄경합론』(탄허)과 『대방광불화엄경 강설』(여천무비) 그리고 최근의 여타 번역본 등을 참조하였다.

4. 한글 번역은 독송과 사경을 위하여 정확성과 아울러 가독성을 고려하였다. 극존칭은 부처님과 불경계에 대해서만 사용하였다.

5. 사경본의 차례는 일러두기 → 한글역 본문 → 화엄경 목차 → 간행사이며 80권 『대방광불화엄경』의 권별 목차 순으로 독송본과 함께 간행한다. (법공양판에는 간행사 다음에 간행불사 동참자를 밝혀두었다.)

사경본 한글역

대방광불화엄경 제51권

37. 여래출현품 [2]

수미해주

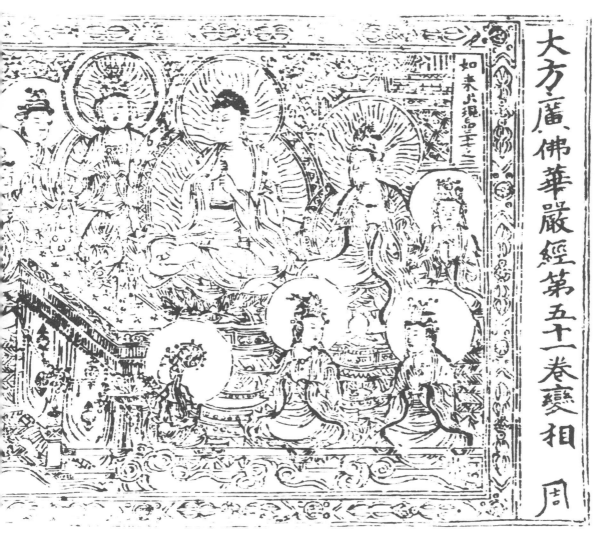

大方廣佛華嚴經第五十一卷變相

如來出現品第三十七之二

대방광불화엄경 제51권 변상도

대방광불화엄경
제 51 권

37. 여래출현품 [2]

──────── 은(는) 『대방광불화엄경』을
사경하는 인연공덕으로
『화엄경』이 널리 유통되고
우리 모두 다함께 보리 이루기를 발원하옵니다.

대방광불화엄경
제51권

37. 여래출현품 [2]

"불자들이여, 보살마하살이 마땅히 어떻게 여래 응정등각의 음성을 알아야 하는가?

불자들이여, 보살마하살은 여래의 음성이 두루 이르는 줄을 마땅히 알아야 하니 한량없는 모든 음성에 널리 두루하는 까닭이다.

여래의 음성이 그 마음에 즐겨함을 따라 다 환희하게 함을 마땅히 알아야 하니 법을 설하심이 명료한 까닭이다.

여래의 음성이 그 믿고 이해함을 따라 모두 환희하게 함을 마땅히 알아야 하니 마음이 청량해지는 까닭이다.

여래의 음성이 교화함에 때를 놓치지 않음을 마땅히 알아야 하니 응당 들어야 할 자가 듣지 못함이 없는 바인 까닭이다.

여래의 음성이 생겨나고 사라짐이 없음을 마땅히 알아야 하니 메아리와 같은 까닭이며, 여래의 음성이 주체가 없음을 마땅히 알아야 하니 일체 업을 닦아 익혀서 일어나는 까닭이다.

여래의 음성이 매우 깊음을 마땅히 알아야 하니 헤아리기 어려운 까닭이며, 여래의 음성이 삿되고 굽음이 없음을 마땅히 알아야 하니 법계에서 나는 까닭이다.

여래의 음성이 끊어짐이 없음을 마땅히 알아야 하니 법계에 널리 들어가는 까닭이며, 여래의 음성이 변하여 바뀜이 없음을 마땅히 알아야 하니 끝까지 이르는 까닭이다.

불자들이여, 보살마하살은 여래의 음성이 한량이 있지도 않고 한량이 없지도 않으며, 주재함이 있지도 않고 주재함이 없지도 않으며, 보여줌이 있지도 않고 보여줌이 없지도 않음을 마땅히 알아야 한다.

무슨 까닭인가?

불자들이여, 비유하면 세계가 장차 무너지려 할 때에 주재함도 없고 지음도 없지만 법이 그러하여 네 가지 음성을 낸다.

그 네 가지는 무엇인가?

하나는 '그대들은 마땅히 알라. 초선은 안락하여 모든 나쁜 욕심을 여의어 욕심세계를 초월하였다'라고 하면, 중생들이 듣고는 자연히 초선을 성취하여 욕심세계의 몸을 버리고 범천에 나는 것이다.

둘은 '그대들은 마땅히 알라. 이 선은 안락하여 거친 생각도 없고 미세한 생각도 없어서 범천을 초월하였다'라고 하면, 중생들이 듣고는 자연히 이선을 성취하여 범천의 몸을 버리고 광음천에 나는 것이다.

셋은 '그대들은 마땅히 알라. 삼선은 안락하여 허물이 없어 광음천을 초월하였다'라고 하면, 중생들이 듣고는 자연히 삼선을 성취하여 광음천의 몸을 버리고 변정천에 나는 것이다.

넷은 '그대들은 마땅히 알라. 사선은 적정하여 변정천을 초월하였다'라고 하면, 중생들이 듣고는 자연히 사선을 성취하여 변정천의 몸을 버리고 광과천에 나는 것이다.

이것이 넷이다.

불자들이여, 이 모든 음성은 주재함도 없고 지음도 없지만, 다만 중생들의 모든 착한 업의 힘으로 생겨난다.

불자들이여, 여래의 음성도 또한 이와 같아서 주재함도 없고 지음도 없으며, 분별도 없으며, 들어감도 아니고 나옴도 아니지만, 다만 여래의 공덕과 법의 힘으로부터 네 가지 광대한 음성을 낸다.

그 넷은 무엇인가?

하나는 '그대들은 마땅히 알라. 일체 모든 행이 모두 다 괴로움이다. 이른바 지옥의 괴로움과, 축생의 괴로움과, 아귀의 괴로움과, 복덕이 없는 괴로움과, '나'와 '나의 것'에 집착하는 괴로움과, 모든 악행을 짓는 괴로움이다. 인간이나 천상에 태어나려고 하면 마땅히 선근을 심고, 인간이나 천상에 태어나서 모든 어려운 곳을 여의어야 한다'라고 하면, 중생들이 듣고는 뒤바뀜을 버려 여의고 모든 착한 행을 닦아 모든 어려운 곳을 떠나서 인간이나 천상에 태어난다.

들은 '그대들은 마땅히 알라. 일체 모든 행은 온갖 괴로움이 치성하여 뜨거운 철환과 같다. 모든 행은 무상하여 없어지는 법이며, 열반은 적정하고 함이 없이 안락하여 치성한 괴

로움을 멀리 여의고 모든 뜨거운 번
뇌를 소멸한다'라고 하면, 중생들이
듣고는 착한 법을 부지런히 닦아 성
문승에서 음성을 따르는 법인을 얻
는다.

셋은 '그대들은 마땅히 알라. 성문
승은 남의 말을 따라서 이해하여 지
혜가 좁고 하열하다. 다시 더 높은
법이 있으니 이름이 독각승이라 스
승을 말미암지 않고 깨달으니, 그대
들은 마땅히 수승한 도를 즐겨함을
배워야 한다'라고 하면, 이 음성을

듣고는 성문의 도를 버리고 독각승을 닦는다.

넷은 '그대들은 마땅히 알라. 이승의 지위를 지나서 다시 수승한 길이 있으니 이름이 '대승 보살이 행하는 것'이다. 육바라밀을 따르며, 보살행을 끊지 않고 보리심을 버리지 않으며, 한량없는 나고 죽음에 있으면서도 피로해하거나 싫어하지 않는다.

이승을 초과하여 이름이 '대승'이며, '제일승'이며, '수승한 승'이며, '가장 수승한 승'이며, '높은 승'이며, '위없는 승'이며, '일체 중생을 이익하게 하는 승'이다.

만약 어떤 중생이 신심과 이해가 광대하고 모든 근이 용맹하고 예리하며 숙세에 선근을 심어서 모든 여래의 위신력으로 가피한 바가 되면, 가장 수승한 욕락이 있어 부처님의 과위를 희구하리라'라고 하면, 이 음성을 듣고는 보리심을 낸다.

불자들이여, 여래의 음성은 몸에서 나오지도 않고, 마음에서 나오지도 않지만 한량없는 중생들을 능히 이익하게 한다.

불자들이여, 이것이 여래 음성의 첫째 모양이니, 모든 보살마하살들은 마땅히 이와 같이 알아야 한다.

다시 또 불자들이여, 비유하면 메아리는 산골짜기와 음성을 인하여 일어남이라, 형상이 없어 볼 수도 없고 또한 분별도 없지만 일체 말을 능히 따른다.

여래의 음성도 또한 이와 같아서 형상이 없어 볼 수 없으며, 방소가 있지도 않고 방소가 없지도 않지만, 다만 중생들의 욕망과 이해의 인연을 따라 날 뿐이라, 그 성품은 끝까지 말함도 없고 보임도 없어 설명할 수 없다.

불자들이여, 이것이 여래 음성의 둘째 모양이니, 모든 보살마하살들은 마땅히 이와 같이 알아야 한다.

다시 또 불자들이여, 비유하면 모든 하늘에 큰 법의 북이 있으니 이름이 '깨우침'이다.

만약 모든 천자들이 방일을 행할 때에는 허공에서 소리를 내어 말하기를 '그대들은 마땅히 알라. 일체 욕락은 모두 다 무상하고 허망하고 뒤바뀌어 잠깐 동안에 변하여 무너지는 것이다. 다만 어리석은 사람을 속여서 그로 하여금 그리워하고 애착하게 하는 것이니, 그대들은 방일하지 말라.

만약 방일하면 모든 나쁜 길에 떨어져 후회하여도 어찌할 수가 없으리라'라고 하면, 방일하던 모든 천자들이 이 소리를 듣고는 크게 근심하고 두려워하여 자신의 궁전 안에 있던 욕락을 버리고 천왕의 처소에 나아가 법을 구하고 도를 행한다.

불자들이여, 저 하늘 북 소리가 주재함도 없고 지음도 없으며 일어남도 없고 사라짐도 없지만, 한량없는 중생들을 능히 이익하게 한다.

마땅히 알라. 여래도 또한 이와 같아서 방일한 중생을 깨우치려고 한량없는 미묘한 법의 음성을 내신다.

이른바 집착할 것이 없다는 음성

과, 방일하지 말라는 음성과, 무상하다는 음성과, 괴로움이라는 음성과, '나'가 없다는 음성과, 깨끗하지 아니하다는 음성과, 적멸의 음성과, 열반의 음성과, 한량없는 자연지의 음성과, 무너뜨릴 수 없는 보살행의 음성과, 일체 처에 이르는 여래의 공용 없는 지혜 지위의 음성이다.

이 음성으로 법계에 두루하여 그들을 깨우치시면, 수없는 중생들이 이 음성을 듣고는 다 환희하며, 착한 법을 부지런히 닦아서 각각 자기의

승에서 벗어남을 구한다.

이른바 혹은 성문승을 닦으며, 혹은 독각승을 닦으며, 혹은 보살의 위없는 대승을 익히되, 여래의 음성은 방소에 머무르지 아니하며 말이 없다.

불자들이여, 이것이 여래 음성의 셋째 모양이니, 모든 보살마하살들은 마땅히 이와 같이 알아야 한다.

다시 또 불자들이여, 비유하면 자재천왕에게 하늘 채녀가 있으니 이름이 '선구'이다. 그 입에서 한 음성을 내면 그 음성이 곧 백천 가지 음악과 함께 서로 응하며, 낱낱 음악 가운데 다시 백천 가지 차별한 음성이 있다.

불자들이여, 그 '선구' 천녀가 입에서 한 음성으로 이와 같이 한량없는 음성을 내듯이, 마땅히 알라, 여래도 또한 이와 같아서 한 음성 가운데서 한량없는 음성을 내어 모든 중생들의 마음에 즐겨하는 차별을 따라 모두 다 두루 이르러서 다 지혜를 얻게 하신다.

불자들이여, 이것이 여래 음성의 넷째 모양이니, 모든 보살마하살들은 마땅히 이와 같이 알아야 한다.

다시 또 불자들이여, 비유하면 대범천왕이 범천의 궁에 머무르면서 범천의 음성을 냄에, 일체 범천의 대중들이 모두 듣지 못함이 없으며, 그 음성이 대중 밖으로 나가지도 않는데, 모든 범천 대중들이 다 이 생각을 하기를 '대범천왕이 홀로 나에게만 말씀한다'라고 한다.

여래의 미묘한 음성도 또한 이와 같아서 도량에 모인 대중들이 다 듣지 못함이 없으며 그 음성이 대중 밖으로 나가지도 않는다.

무슨 까닭인가? 근기가 성숙하지 못한 자는 마땅히 듣지 못하는 까닭으로, 그 소리를 듣는 자는 모두 이 생각을 하기를 '여래 세존께서 홀로 나만을 위하여 설하신다'라고 한다.

불자들이여, 여래의 음성은 나옴도 없고 머무름도 없지만, 일체 사업을 능히 성취한다.

이것이 여래 음성의 다섯째 모양이니, 모든 보살마하살들은 마땅히 이와 같이 알아야 한다.

다시 또 불자들이여, 비유하면 온갖 물이 다 같은 한맛이니 그릇이 다름을 따르는 까닭으로 물에 차별이 있으나 물은 생각도 없고 또한 분별도 없듯이, 여래의 음성도 또한 이와 같아서 오직 한맛이니 이른바 해탈의 맛이라 모든 중생들의 마음 그릇이 다름을 따르는 까닭으로 한량없이 다르지만 생각도 없고 또한 분별도 없다.

불자들이여, 이것이 여래 음성의 여섯째 모양이니, 모든 보살마하살들은 마땅히 이와 같이 알아야 한다.

다시 또 불자들이여, 비유하면 아나바달다용왕이 크고 두터운 구름을 일으켜 염부제를 두루 덮고 단비를 널리 내림에 백 가지 곡식의 싹이 다 나서 자라고, 강과 내와 샘과 연

못이 일체가 가득차니, 이 큰 빗물은 용왕의 몸과 마음으로부터 나온 것은 아니지만 능히 갖가지로 중생들을 요익하게 한다.

불자들이여, 여래 응정등각도 또한 이와 같아서 대비의 구름을 일으켜 시방세계에 두루하여 위없는 감로법의 비를 널리 내리어 일체 중생으로 하여금 다 환희하고 착한 법을 증장하며 모든 승을 만족하게 하신다.

불자들이여, 여래의 음성은 밖으로부터 오는 것도 아니고 안으로부터 나오는 것도 아니지만 능히 일체 중생을 요익하게 한다.

이것이 여래 음성의 일곱째 모양이니, 모든 보살마하살들은 마땅히 이와 같이 알아야 한다.

다시 또 불자들이여, 비유하면 마나사용왕이 장차 비를 내리려 함에 곧바로 내리지 아니하고, 먼저 큰 구름을 일으켜 허공을 가득 덮고 칠일을 엉기어 머무르면서 모든 중생들이 하던 일을 마치도록 기다린다.

무슨 까닭인가? 그 큰 용왕이 자비한 마음이 있어 모든 중생들을 괴롭게 하지 않으려는 까닭으로 칠일을 지나고서 가는 비를 내려 대지를 널리 적신다.

불자들이여, 여래 응정등각도 또한 이와 같아서 장차 법의 비를 내리려 함에 곧바로 내리지 아니하시고, 먼저 법의 구름을 일으켜 중생들을 성숙하게 하신다. 그들로 하여금 마음에 놀라거나 두려움이 없게 하려고 그들이 성숙하기를 기다린 연후에 감로법의 비를 널리 내려 매우 깊고 미묘한 착한 법을 연설하여 점차 그들로 하여금 여래 일체지의 지혜인 위없는 법의 맛을 만족하게 하신다.

불자들이여, 이것이 여래 음성의 여덟째 모양이니, 모든 보살마하살들은 마땅히 이와 같이 알아야 한다.

다시 또 불자들이여, 비유하면 바다 가운데 큰 용왕이 있으니 이름이 '대장엄'이라, 큰 바다 가운데서 비를 내릴 때에 혹은 열 가지의 장엄한 비를 내리고 혹은 백 가지, 혹은 천 가지, 혹은 백천 가지의 장엄한 비를 내린다.

불자들이여, 물은 분별이 없고 다만 용왕의 부사의한 힘으로써 그들로 하여금 장엄하게 하며 내지 백천의 한량없는 차별이 있게 한다.

여래 응정등각도 또한 이와 같아서 모든 중생들을 위하여 법을 설할 때에 혹은 열 가지 차별한 음성으로 설하고, 혹은 백 가지, 혹은 천 가지,

혹은 백천 가지로, 혹은 팔만 사천 가지 음성으로 팔만 사천의 행을 설하며, 내지 혹은 한량없는 백천억 나유타 음성으로 각각 다르게 법을 설하시는데, 그 듣는 자로 하여금 다 환희하게 하신다.

여래의 음성은 분별하는 바가 없되 다만 모든 부처님께서 매우 깊은 법계를 원만하고 청정하게 하여 능히 중생들 근기의 마땅한 바를 따라서 갖가지 음성을 내어 다 환희하게 하신다.

불자들이여, 이것이 여래 음성의 아홉째 모양이니, 모든 보살마하살들은 마땅히 이와 같이 알아야 한다.

다시 또 불자들이여, 비유하면 사갈라용왕이 용왕의 크게 자재한 힘을 나타내어 중생들을 요익케 하여 다 환희하게 하고자, 사천하로부터 내지 타화자재천의 처소에 이르기까지 큰 구름 그물을 일으켜 두루 가득 덮으니 그 구름의 색상이 한량없이 차별하다.

혹은 염부단금 광명색이며, 혹은 비유리 광명색이며, 혹은 백은 광명색이며, 혹은 파려 광명색이며, 혹은 모살라 광명색이며, 혹은 마노 광명색이며, 혹은 승장 광명색이며, 혹은 적진주 광명색이며, 혹은 한량없는 향 광명색이며, 혹은 때 없는 옷 광명색이며, 혹은 청정한 물 광명색이며, 혹은 갖가지 장엄거리 광명색이다. 이와 같은 구름 그물을 두루 가득 펼쳤다.

이미 널리 두루 펼치고는 갖가지 빛의 번개를 낸다.

이른바 염부단금색 구름은 유리빛 번개를 내고, 유리색 구름은 금빛 번개를 내고, 은색 구름은 파려빛 번개를 내고, 파려색 구름은 은빛 번개를 내고, 모살라색 구름은 마노빛 번개를 낸다.

마노색 구름은 모살라빛 번개를 내고, 승장 보배색 구름은 적진주빛 번개를 내고, 적진주색 구름은 승장 보배빛 번개를 내고, 한량없는 향색 구름은 때 없는 옷빛 번개를 내고, 때 없는 옷색 구름은 한량없는 향빛 번개를 낸다.

청정한 물색 구름은 갖가지 장엄거리빛 번개를 내고, 갖가지 장엄거리색 구름은 청정한 물빛 번개를 내고, 내지 갖가지 색의 구름은 한 빛의 번개를 내고, 한 색의 구름은 갖가지 빛의 번개를 낸다.

다시 저 구름 속에서 갖가지 우렛소리를 내어 중생 마음을 따라 다 환희하게 한다.

이른바 혹은 천녀의 노래 소리와
같으며, 혹은 모든 하늘의 기악 소리
와 같으며, 혹은 용녀의 노래 소리와
같으며, 혹은 건달바녀의 노래 소리
와 같으며, 혹은 긴나라녀의 노래 소
리와 같다.

혹은 대지가 진동하는 소리와 같으
며, 혹은 바닷물의 파도 소리와 같으
며, 혹은 짐승 왕의 부르짖는 소리와
같으며, 혹은 아름다운 새의 지저귀
는 소리와 그 외 한량없는 갖가지 소
리와 같다.

이미 우렛소리가 진동하고는 다시 서늘한 바람을 일으켜 모든 중생들로 하여금 마음이 기쁘고 즐겁게 하며, 그런 뒤에 갖가지 모든 비를 내려 한량없는 중생들을 이익하고 안락하게 하는데, 타화천으로부터 지상에 이르기까지 일체 처에 비내리는 바가 같지 않다.

이른바 큰 바다에는 맑고 찬 물을 비내리니 이름이 '끊어짐이 없음'이고, 타화자재천에는 퉁소와 피리 등의 갖가지 음악 소리를 비내리니 이름이 '미묘함'이고, 화락천에는 큰 마니보배를 비내리니 이름이 '큰 광명을 놓음'이다.

도솔천에는 큰 장엄거리를 비내리니 이름이 '드리운 상투'이고, 야마천에는 크고 미묘한 꽃을 비내리니 이름이 '갖가지 장엄거리'이고, 삼십삼천에는 온갖 미묘한 향을 비내리니 이름이 '기쁜 뜻'이다.

사천왕천에는 하늘보배옷을 비내리니 이름이 '덮는 일산'이고, 용왕의 궁에는 적진주를 비내리니 이름이 '광명이 솟음'이고, 아수라궁에는 모든 병장기를 비내리니 이름이 '원수를 항복 받음'이다.

북울단월에는 갖가지 꽃을 비내리니 이름이 '활짝 핌'이고, 나머지 세 천하에도 모두 또한 이와 같다. 그러나 각각 그 처소를 따라서 비내리는 바가 같지 아니하다.

비록 저 용왕은 그 마음이 평등하여 피차가 없으나, 다만 중생들의 선근이 다른 까닭으로 비에 차별이 있다.

불자들이여, 여래 응정등각의 위 없는 법왕도 또한 이와 같아서, 바른 법으로 중생들을 교화하시고자 먼저 몸 구름을 펴서 법계를 두루 덮되 그들의 욕락을 따라 나타내심이 같지 아니하다.

이른바 혹은 중생들을 위하여 중생 몸 구름을 나타내며, 혹은 중생들을 위하여 변화 몸 구름을 나타내며, 혹은 중생들을 위하여 힘을 지닌 몸 구름을 나타내며, 혹은 중생들을 위하여 형상 몸 구름을 나타내며, 혹은 중생들을 위하여 상호 몸 구름을 나타내신다.

혹은 중생들을 위하여 복덕 몸 구름을 나타내며, 혹은 중생들을 위하여 지혜 몸 구름을 나타내며, 혹은 중생들을 위하여 모든 힘 깨뜨릴 수 없는 몸 구름을 나타내며, 혹은 중생들을 위하여 두려움 없는 몸 구름을 나타내며, 혹은 중생들을 위하여 법계 몸 구름을 나타내신다.

불자들이여, 여래께서는 이와 같은 등 한량없는 몸 구름으로 시방의 일체 세계를 널리 덮고는, 모든 중생들의 즐겨하는 바가 각각 다름을 따라서 갖가지 광명의 번개를 나타내 보이신다.

이른바 혹은 중생들을 위하여 광명 번개를 나타내시니 이름이 '이르지 않는 곳이 없음'이고, 혹은 중생들을 위하여 광명 번개를 나타내시니 이름이 '가없는 광명'이고, 혹은 중생들을 위하여 광명 번개를 나타내시니 이름이 '부처님의 비밀한 법에 들어감'이고, 혹은 중생들을 위하여 광명 번개를 나타내시니 이름이 '그림자 나타내는 광명'이고, 혹은 중생들을 위하여 광명 번개를 나타내시니 이름이 '광명이 밝게 비춤'이다.

혹은 중생들을 위하여 광명 번개를 나타내시니 이름이 '다함없는 다라니 문에 들어감'이고, 혹은 중생들을 위하여 광명 번개를 나타내시니 이름이 '바른 생각으로 어지럽지 않음'이고, 혹은 중생들을 위하여 광명 번개를 나타내시니 이름이 '끝까지 무너지지 않음'이고, 혹은 중생들을 위하여 광명 번개를 나타내시니 이름이 '모든 갈래에 따라 들어감'이고, 혹은 중생들을 위하여 광명 번개를 나타내시니 이름이 '일체 원을 만족하여 다 환희하게 함'이다.

불자들이여, 여래 응정등각께서 이와 같은 등 한량없는 광명 번개를 나타내시고는, 다시 중생들 마음에 즐겨하는 바를 따라서 한량없는 삼매의 천둥소리를 내신다.

이른바 잘 깨달은 지혜 삼매의 천

둥소리와, 밝고 치성하게 때를 여읜 바다 삼매의 천둥소리와, 일체 법에 자재한 삼매의 천둥소리와, 금강 바퀴 삼매의 천둥소리와, 수미산 당기 삼매의 천둥소리이다.

해인 삼매의 천둥소리와, 태양 등 불 삼매의 천둥소리와, 무진장 삼매의 천둥소리와, 무너지지 않는 해탈 힘 삼매의 천둥소리이다.

불자들이여, 여래께서 몸 구름 속에서 이와 같은 등 한량없이 차별한 삼매의 천둥소리를 내시고는, 장차 법의 비를 내리려 함에 먼저 상서로운 모습을 나타내어 중생들을 깨우치신다.

이른바 장애가 없는 큰 자비심으로 여래의 큰 지혜 풍류을 나타내시니 이름이 '능히 일체 중생으로 하여금 부사의한 환희와 기쁨을 내게 함'이다.

이 모습을 나타내시니 일체 보살과 그리고 모든 중생들의 몸과 마음이 다 청량함을 얻었다. 그런 뒤에 여래의 큰 법신 구름과 큰 자비 구름과

큰 부사의 구름으로부터 부사의하
고 광대한 법의 비를 내려 일체 중생
으로 하여금 몸과 마음을 청정하게
하신다.

이른바 보리도량에 앉은 보살들을
위하여 큰 법의 비를 내리시니 이름
이 '법계의 차별 없음'이고, 최후 몸
의 보살들을 위하여 큰 법의 비를 내
리시니 이름이 '보살들이 유희하는
여래의 비밀한 가르침'이다. 한 생에
얽매인 바 보살들을 위하여 큰 법의
비를 내리시니 이름이 '청정하고 넓

은 광명'이고, 관정의 보살들을 위하여 큰 법의 비를 내리시니 이름이 '여래의 장엄거리로 장엄하는 바'이다.

법인을 얻은 보살들을 위하여 큰 법의 비를 내리시니 이름이 '공덕 보배 지혜의 꽃이 피어 보살의 대비행이 끊어지지 않음'이고, 십주와 십향과 십행 보살들을 위하여 큰 법의 비를 내리시니 이름이 '눈앞에서 변화하는 매우 깊은 문에 들어가 보살행을 행하되 휴식함도 없고 피로해하거나 싫어함도 없음'이다.

처음 발심한 보살들을 위하여 큰 법의 비를 내리시니 이름이 '여래의 큰 자비행을 내어 중생을 구호함'이 고, 독각승을 구하는 중생들을 위 하여 큰 법의 비를 내리시니 이름이 '연기법을 깊이 알고 두 끝을 멀리 여의어 무너지지 않는 해탈의 과를 얻음'이다.

성문승을 구하는 중생들을 위하여 큰 법의 비를 내리시니 이름이 '큰 지혜의 칼로써 일체 번뇌의 원수를 끊음'이고, 선근을 쌓되 결정하고 결정하지 못한 중생들을 위하여 큰 법의 비를 내리시니 이름이 '갖가지 법문을 성취하여 큰 환희를 내게 함'이다.

불자들이여, 모든 부처님 여래께서 중생들의 마음을 따라서 이와 같은 등 넓고 큰 법의 비를 내리시어 일체 가없는 세계에 가득하다.

불자들이여, 여래 응정등각께서는 그 마음이 평등하여 법에 인색함이 없지만, 다만 중생들의 근성과 욕망

이 같지 않으므로 비내리는 바 법의
비에 차별이 있음을 보이신다.

이것이 여래 음성의 열째 모양이
니, 모든 보살마하살들은 마땅히 이
와 같이 알아야 한다.

다시 또 불자들이여, 마땅히 알라.
여래의 음성에 열 가지 한량없음이
있다.

무엇이 열인가?

이른바 허공계와 같이 한량없음이
니 일체 처에 이르는 까닭이며, 법계

와 같이 한량없음이니 두루하지 않은 곳이 없는 까닭이다.

중생계와 같이 한량없음이니 일체로 하여금 마음을 기쁘게 하는 까닭이며, 모든 업과 같이 한량없음이니 그 과보를 설하는 까닭이다.

번뇌와 같이 한량없음이니 모두 멸하여 없애게 하는 까닭이며, 중생들의 말과 같이 한량없음이니 이해함을 따라 듣게 하는 까닭이며, 중생들의 욕망과 이해와 같이 한량없음이니 널리 관하여 구원하고 제도하는 까닭이다.

삼세와 같이 한량없음이니 끝닿은 데가 없는 까닭이며, 지혜와 같이 한량없음이니 일체를 분별하는 까닭이며, 부처님의 경계와 같이 한량없음이니 부처님의 법계에 들어가는 까닭이다.

불자들이여, 여래 응정등각의 음성은 이와 같은 등 아승지 한량없음을 성취하였으니, 모든 보살마하살들은 마땅히 이와 같이 알아야 한다."

그때에 보현 보살마하살이 이 뜻을
거듭 밝히려고 게송을 설하여 말씀
하였다.

삼천세계가
장차 무너질 때에
중생들의 복력으로
소리가 일러 말하되
'사선은 적정하고
모든 고통이 없다'라고 하니
그들이 듣고는
다 욕심을 떠나게 하도다.

십력의 세존께서도
또한 이와 같아서
미묘한 음성을 내어
법계에 두루하여
모든 행은 괴롭고
무상하다고 설해서
그들이 생사의 바다를
길이 건너게 하시도다.

비유하면 깊은 산
큰 골짜기 가운데
음성을 따라

다 메아리가 울리니

비록 능히 다른 언어를

따르지만

메아리는 끝까지

분별이 없듯이

십력의 말씀도

또한 그러하여

그 근기가 성숙함을 따라

나타내 보여

그들을 조복하여

환희하게 하지만

'내가 이제 능히 연설한다'라는
생각이 없으시도다.

하늘에 북이 있으니
이름이 '능히 깨우침'이라
항상 공중에서
법의 음성을 떨치어
저 방일한 모든 천자들을
경계하여
그들이 듣고 집착을
여의게 하듯이

십력의 법의 북도
또한 이와 같아서
갖가지 미묘한
음성을 내어
일체 모든 중생들을
깨우쳐
그들이 다 보리과를
증득하게 하도다.

자재천왕에게
보녀가 있으니
입으로 모든 음악을

잘 연주하되
한 음성에서
능히 백천의 소리를 내고
낱낱 소리 가운데
다시 백천이라

선서의 음성도
또한 이와 같아서
한 음성에서
일체 소리를 내며
그 근성과 욕망을 따라
차별이 있어

각각 듣고 번뇌를
끊게 하도다.

비유하면 범왕이
한 음성을 내어
능히 범천의 대중들을
다 환희하게 하되
소리는 범천에만 미치고
밖으로 나가지 않으니
낱낱이 모두 자기만
홀로 듣는다고 말하듯이

십력의 법왕도

또한 그러하여

한 음성을 펴서

법계에 가득하되

오직 대중모임에만 미치고

멀리 나가지 않으나

믿음이 없는 까닭으로

받아들을 수 없도다.

비유하면 온갖 물이

동일한 성품이라

여덟 가지 공덕의 맛이

차별없지만
인연으로 있는 그릇이
각각 같지 않으니
그러므로 그들을
갖가지로 다르게 하듯이

일체지의 음성도
또한 이와 같아서
법의 성품은 한맛이고
분별이 없지만
모든 중생들의 행이
같지 않음을 따르므로

듣는 이로 하여금
갖가지로 다르게 하도다.

비유하면
무열 큰 용왕이
비를 내려 염부의 땅을
널리 적시어
능히 풀과 나무를
다 생장하게 하되
몸과 마음으로
내는 것이 아니듯이

모든 부처님의 미묘한 음성도

또한 이와 같아서

법계에 널리 비내려

모두 흡족히 적시어

능히 선을 내고

모든 악을 멸하게 하되

안과 밖을 좇아서

있는 것이 아니로다.

비유하면

마나사 용왕이

구름을 일으켜 칠일 동안

먼저 비내리지 않고
모든 중생들이 하던 일
마치기를 기다려
그런 뒤에 비로소 비내려
이익되게 하듯이

십력께서 뜻을 펴심도
또한 이와 같아서
먼저 중생을 교화하여
성숙하게 하시고
그런 뒤에 매우 깊은 법을
설하시어

그 듣는 자로 하여금
놀라지 않게 하시도다.

대장엄 용왕이
바다 가운데
열 가지의 장엄한 비를
내림에
혹은 백, 혹은 천,
백천 가지이니
물은 비록 한맛이나
장엄은 다르듯이

구경의 변재도
또한 이와 같아서
열, 스물의
모든 법문을 설하여
혹은 백, 혹은 천,
한량없음에 이르지만
마음 생각에는
차별을 내지 않도다.

가장 수승한
용왕 사갈라가
구름을 일으켜

사천하를 널리 덮어서
일체 처에 비내림이
각각 다르나
그 용왕의 마음은
두 생각이 없듯이

모든 부처님 법왕께서도
또한 이와 같아서
대비의 몸 구름이
시방에 두루하여
모든 수행자들을 위해
비내림이 각각 다르나

일체에 대하여
분별이 없으시도다.

"불자들이여, 모든 보살마하살들
이 마땅히 어떻게 여래 응정등각의
마음을 알아야 하는가?

불자들이여, 여래의 마음과 뜻과
의식은 함께 얻을 수 없으니, 다만
마땅히 지혜가 한량없음으로써 여래
의 마음을 알아야 한다.

비유하면 허공이 일체 물건의 의지

하는 바가 되지만 허공은 의지하는 바가 없듯이, 여래의 지혜도 또한 이와 같아서 일체 세간과 출세간 지혜의 의지하는 바가 되지만 여래의 지혜는 의지하는 바가 없다.

불자들이여, 이것이 여래 마음의 첫째 모양이니, 모든 보살마하살들은 마땅히 이와 같이 알아야 한다.

다시 또 불자들이여, 비유하면 법계는 일체 성문과 독각과 보살의 해탈을 항상 내지만 법계는 늘어나고 줄어듦이 없듯이, 여래의 지혜도 또한 이와 같아서 항상 일체 세간과 출세간의 갖가지 지혜를 내지만 여래의 지혜는 늘어나고 줄어듦이 없다.

불자들이여, 이것이 여래 마음의 둘째 모양이니, 모든 보살마하살들은 마땅히 이와 같이 알아야 한다.

다시 또 불자들이여, 비유하면 큰바다는 그 물이 사천하의 땅과 팔십억 모든 작은 섬 속으로 흘러 스며들어서 구멍을 뚫으면 물을 얻지 못함이 없지만 저 큰 바다는 '내가 물을 낸다'라고 분별하지 않는다.

부처님의 지혜 바닷물도 또한 이와 같아서 일체 중생의 마음 가운데로 흘러 들어가니 만약 모든 중생들이 경계를 관찰하여 법문을 닦아 익히면 곧 지혜가 청정하고 명료함을 얻게 되지만, 여래의 지혜는 평등하여 둘이 없으며 분별이 없으면서도 다만 중생들의 마음과 행이 다름을 따르는 까닭으로 얻은 바 지혜도 각각 같지 아니하다.

불자들이여, 이것이 여래 마음의 셋째 모양이니, 모든 보살마하살들은 마땅히 이와 같이 알아야 한다.

다시 또 불자들이여, 비유하면 큰 바다에 네 가지 보배 구슬이 있으니 한량없는 덕을 갖추어서 바다 속의 일체 진귀한 보배를 능히 낸다. 만약 큰 바다 속에 이 보배 구슬이 없다면 내지 하나의 보배도 또한 얻을 수 없다.

무엇이 넷인가?

하나는 이름이 '모아 쌓는 보배'이고, 들은 이름이 '무진장'이고, 셋은 이름이 '치성함을 멀리 여윔'이고, 넷은 이름이 '장엄을 구족함'이다.

불자들이여, 이 네 보배 구슬은 일체 범부와 모든 용과 귀신들이 다 보지 못한다.

무슨 까닭인가?

사갈라 용왕이 이 보배 구슬이 단엄하고 반듯한 것으로 궁중의 깊고 비밀한 곳에 두는 까닭이다.

불자들이여, 여래 응정등각의 큰

지혜바다도 또한 이와 같아서, 그 가운데 네 큰 지혜 보배 구슬이 있어 한량없는 복과 지혜와 공덕을 갖추어서 이로 말미암아 일체 중생과 성문과 독각과 배우는 이와 배울 것 없는 이와 그리고 모든 보살들의 지혜 보배를 능히 낸다.

무엇이 넷인가?

이른바 물들지 않는 교묘한 방편인 큰 지혜 보배와, 함이 있고 함이 없는 법을 잘 분별하는 큰 지혜 보배와, 한량없는 법을 분별하여 설하되

법의 성품을 무너뜨리지 않는 큰 지
혜 보배와, 때와 때 아님을 알아서
일찍이 그르치지 않은 큰 지혜 보배
이다.

만약 모든 여래의 큰 지혜바다에
이 네 보배가 없으면 어떠한 중생도
대승에 들어간다는 것은 마침내 옳
지 않다. 이 네 지혜 보배를 박복한
중생은 볼 수 없는 바이니, 왜냐하면
여래의 깊은 비밀 창고에 두는 까닭
이다.

이 네 지혜 보배는 고르고 정직하

고 단정하고 조촐하고 미묘하고 아름다워서 모든 보살 대중들을 널리 능히 이익하게 하여 그들로 하여금 모두 지혜의 광명을 얻게 한다.

불자들이여, 이것이 여래 마음의 넷째 모양이니, 모든 보살마하살들은 마땅히 이와 같이 알아야 한다.

다시 또 불자들이여, 비유하면 큰 바다에 네 개의 치성한 광명을 내는 큰 보배가 그 바닥에 펼쳐져 있는데, 성질이 극히 매우 뜨거워 백 하천에서 흘러 들어오는 한량없는 큰 물을 항상 능히 받아들이니, 그러므로 큰 바다가 늘어나고 줄어들지 않는다.

무엇이 넷인가?

하나는 이름이 '태양창고'이고, 둘은 이름이 '축축함을 여윔'이고, 셋은 이름이 '불꽃 빛'이고, 넷은 이름이 '다하여 남음이 없음'이다.

불자들이여, 만약 큰 바다에 이 네 보배가 없으면 사천하에서부터 유정천에 이르기까지 그 가운데 있는 것들이 모두 물위에 떠돌다가 가라앉을 것이다.

불자들이여, 이 '태양창고'의 큰 보배 광명이 바닷물에 비치어 닿으면 다 변하여 젖이 되고, '축축함을 여읨'의 큰 보배 광명이 그 젖에 비치어 닿으면 다 변하여 타락이 되고, '불꽃 빛'의 큰 보배 광명이 그 타락에 비치어 닿으면 다 변하여 소가 되고, '다하여 남음이 없음'의 큰 보배 광명이 그 소에 비치어 닿으면 변하여 제호가 되니, 마치 불이 치성하면 모두 다하고 남음이 없는 것과 같다.

불자들이여, 여래 응정등각의 큰 지혜바다도 또한 이와 같아서, 네 가지 큰 지혜 보배가 있어 한량없는 위덕과 광명을 갖추었으니, 이 지혜 보배의 광명이 모든 보살들을 비추어 내지 여래의 큰 지혜를 얻게 한다.

무엇이 넷인가?

이른바 일체 선행을 흘어버리는 물결을 멸하는 큰 지혜 보배와, 일체 법의 애착을 제거하는 큰 지혜 보배와,

지혜 광명이 널리 비치는 큰 지혜 보배와, 여래와 평등하여 가없고 공용이 없는 큰 지혜 보배이다.

불자들이여, 모든 보살들이 일체 도를 돕는 법을 닦아 모을 때에, 한량없는 선행을 흘어버리는 물결을 일으키는 것을 일체 세간의 하늘과 사람과 아수라들은 능히 깨뜨리지 못하지만, 여래께서는 일체 선행을 흘어버리는 물결을 멸하는 큰 지혜 보배의 광명을 그 보살들에게 닿게 하여 일체 선행을 흘어버리는 물결을

버리고 마음을 한 경계에 두어 삼매
에 머무르게 하신다.

또 일체 법의 애착을 제거하는 큰
지혜 보배의 광명을 그 보살들에게
닿게 하여 삼매에 맛들임을 버려 여
의고 광대한 신통을 일으키게 하신
다.

또 지혜 광명이 널리 비치는 큰 지
혜 보배의 광명을 그 보살들에게 닿
게 하여 일으킨 바 광대한 신통을 버
리고 크게 밝은 공용의 행에 머무르
게 하신다.

또 여래와 더불어 평등하여 가없고 공용이 없는 큰 지혜 보배의 광명을 그 보살들에게 닿게 하여 일으킨 바 크게 밝은 공용의 행을 버리고, 내지 여래의 평등한 지위를 얻어서 일체 공용을 쉬어 남음이 없게 하신다.

불자들이여, 만약 여래께서 이 네 가지 지혜 보배의 큰 광명을 비추어 닿게 함이 없으면 내지 한 보살도 여래의 지위를 얻음은 옳지 않다.

불자들이여, 이것이 여래 마음의 다섯째 모양이니, 모든 보살마하살들은 마땅히 이와 같이 알아야 한다.

다시 또 불자들이여, 저 물의 경계로부터 위로 비상비비상천에 이르기까지 그 가운데 있는 대천 국토와 욕계와 색계와 무색계 중생들의 처소가 다 허공을 의지하여 일어나고 허공에 머무르지 않음이 없다.

무슨 까닭인가? 허공이 널리 두루한 까닭이다. 비록 저 허공이 삼계를 널리 받아들이지만 분별이 없다.

불자들이여, 여래의 지혜도 또한 이와 같아서 성문의 지혜나, 독각의 지혜나, 보살의 지혜나, 함이 있는 행의 지혜나, 함이 없는 행의 지혜나, 일체가 다 여래의 지혜를 의지하여 일어나고 여래의 지혜에 머무른다.

무슨 까닭인가? 여래의 지혜는 일체에 두루한 까닭이다. 비록 다시 한량없는 지혜를 널리 용납하지만 분별이 없다.

불자들이여, 이것이 여래 마음의

여섯째 모양이니, 모든 보살마하살들은 마땅히 이와 같이 알아야 한다.

다시 또 불자들이여, 설산의 정상에 약왕나무가 있으니 이름이 '다함 없는 뿌리'이다. 그 약나무 뿌리가 십육만 팔천 유순 아래 금강 땅이 다한 수륜 경계에서 생겨났다. 그 약왕나무가 만약 뿌리를 낼 때에는 염부제의 일체 나무의 뿌리가 나게 하며, 만약 줄기를 낼 때에는 염부제의 일체 나무의 줄기가 나게 하며, 가지와 잎과 꽃과 열매도 모두 다 이와 같다.

이 약왕나무가 뿌리는 능히 줄기를 내며, 줄기는 능히 뿌리를 내되, 뿌리가 다함이 없으므로 이름이 '다함없는 뿌리'이다.

불자들이여, 저 약왕나무가 일체처에 다 나서 자라게 하지만, 오직 두 곳에서는 나서 자라는 이익을 능히 짓지 못하니 이른바 지옥의 깊은 구렁과 수륜 속이다. 그러나 또한 거

기에서도 처음부터 싫어하여 버림이
없다.

불자들이여, 여래 지혜의 큰 약왕
나무도 또한 이와 같아서, 과거에 일
으킨 바 일체 지혜를 성취하려는 선
한 법으로써 일체 모든 중생계를 널
리 덮고, 일체 모든 나쁜 길의 괴로
움을 제멸하는 광대한 자비와 서원
으로 그 뿌리가 된다.

일체 여래의 진실한 지혜의 종자
성품 속에 나서 견고하여 흔들리지
않는 선교방편으로 그 줄기가 되고,

법계에 두루하는 지혜와 모든 바라밀로 그 가지가 되고, 선정과 해탈과 모든 큰 삼매로 그 잎이 되고, 총지와 변재와 보리분법으로 그 꽃이 되고, 끝까지 변함없는 모든 부처님의 해탈로 그 열매가 된다.

불자들이여, 여래 지혜의 큰 약왕나무가 무슨 까닭으로 '다함없는 뿌리'라는 이름을 얻었는가? 끝까지 휴식하지 않는 까닭이며, 보살의 행을 끊지 않는 까닭이니, 보살의 행이 곧 여래의 성품이고, 여래의 성품이 곧 보살의 행이다. 그러므로 '다함없는 뿌리'라는 이름을 얻었다.

불자들이여, 여래 지혜의 큰 약왕 나무가 그 뿌리가 날 때에는 일체 보살로 하여금 중생들을 버리지 않는 대자비의 뿌리를 내게 하며, 그 줄기가 날 때에는 일체 보살로 하여금 견고한 정진과 깊은 마음의 줄기가 더욱 자라게 하며, 그 가지가 날 때에는 일체 보살로 하여금 일체 모든 바라밀의 가지를 더욱 자라게 한다.

그 잎이 날 때에는 일체 보살로 하

여금 깨끗한 계와 두타의 공덕으로 욕심이 적고 만족함을 아는 잎을 생장하게 하며, 그 꽃이 날 때에는 일체 보살로 하여금 모든 선근의 상호로 장엄한 꽃을 갖추게 하며, 그 열매가 날 때에는 일체 보살로 하여금 생사가 없는 지혜와 내지 일체 부처님의 관정 지혜의 과위를 얻게 한다.

불자들이여, 여래 지혜의 큰 약왕 나무는 오직 두 곳에서는 능히 나서 자라는 이익을 짓지 못한다.

이른바 무위의 광대하고 깊은 구렁

에 떨어진 이승과, 선근이 파괴된 그
릇이 아닌 중생으로서 큰 사견과 탐
욕의 물에 빠진 이들이다. 그러나 또
한 거기에서도 일찍이 싫어하여 버림
이 없다.

불자들이여, 여래의 지혜는 늘어나
고 줄어듦이 없으니 뿌리가 잘 편안
히 머물러서 생장하는 데 휴식이 없
는 까닭이다.

불자들이여, 이것이 여래 마음의
일곱째 모양이니, 모든 보살마하살
들은 마땅히 이와 같이 알아야 한

다.

다시 또 불자들이여, 비유하면 삼천대천세계에 겁의 불이 일어날 때에 일체 초목과 총림과 내지 철위산과 큰 철위산을 태워서 모두 다 타버리고 남는 것이 없다.

불자들이여, 가령 어떤 사람이 손으로 마른 풀을 잡아서 저 불속에 던진다면 어떻게 생각하는가? 타지 않을 수 있겠는가?

대답하여 말하기를 '아닙니다'라

고 할 것이다.

불자들이여, 그 던져진 풀은 타지 않을 수 있다 하더라도, 여래의 지혜 는 삼세 일체 중생과 일체 국토와 일 체 겁의 수효와 일체 모든 법을 분별 하여 알지 못하는 것이 없으니, 만약 알지 못한다고 말하면 옳지 않다. 무슨 까닭인가? 지혜가 평등하여 모 두 밝게 통달하는 까닭이다.

불자들이여, 이것이 여래 마음의 여덟째 모양이니, 모든 보살마하살 들은 마땅히 이와 같이 알아야 한다.

　다시 또 불자들이여, 비유하면 바람의 재앙이 세계를 무너뜨릴 때에 큰 바람이 일어나니 이름이 '흩어 무너뜨림'이라, 삼천대천세계와 철위산 등을 능히 무너뜨려 다 가루를 만든다.

　또 큰 바람이 있으니 이름이 '능장'이라, 삼천대천세계를 두루 돌아 '흩어 무너뜨림'이라는 바람을 막아서 다른 방위의 세계에 이르지 못하게 한다.

불자들이여, 만약 이 '능장'이라는 큰 바람을 없애면 시방세계가 무너져 다하지 않음이 없을 것이다. 여래 응정등각도 또한 이와 같아서 큰 지혜 바람이 있으니 이름이 '능멸'이라, 일체 모든 큰 보살들의 번뇌와 습기를 능히 멸한다. 큰 지혜 바람이 있으니 이름이 '교묘하게 붙듦'이라, 그 근기가 성숙하지 못한 보살들을 교묘하게 붙들어서 '능멸'이라는 큰 지혜 풍륜으로 하여금 그 일체 번뇌와 습기를 끊게 하지 않는다.

불자들이여, 만약 여래의 '교묘하게 불듦'이라는 지혜 바람이 없으면 한량없는 보살들이 모두 성문과 벽지불 지위에 떨어질 것이나, 이 지혜를 말미암은 까닭으로 모든 보살들로 하여금 이승의 지위를 초월하여 여래 구경의 자리에 편안히 머무르게 한다.

불자들이여, 이것이 여래 마음의 아홉째 모양이니, 모든 보살마하살들은 마땅히 이와 같이 알아야 한다.

　다시 또 불자들이여, 여래의 지혜
는 이르지 못하는 곳이 없다.
　무슨 까닭인가? 한 중생도 여래
의 지혜를 갖추고 있지 않음이 없지
만, 단지 허망한 생각과 뒤바뀐 집착
으로 증득하지 못하니, 만약 망상을
여의면 일체지와 자연지와 걸림 없는
지혜가 곧 앞에 나타나게 될 것이다.
　불자들이여, 비유하면 큰 경권이
있으니 분량이 삼천대천세계와 같은

데, 삼천대천세계 가운데 일을 서사
하여 일체를 모두 다하였다.

이른바 큰 철위산 가운데 일을 서
사한 것은 분량이 큰 철위산과 같고,
대지 가운데 일을 서사한 것은 분량
이 대지와 같고, 중천세계 가운데 일
을 서사한 것은 분량이 중천세계와
같고, 소천세계 가운데 일을 서사한
것은 분량이 소천세계와 같다.

이와 같이 사천하와 큰 바다와 수
미산과 지거천 궁전과 욕계의 공거
천의 궁전과 색계의 궁전과 무색계

의 궁전을 낱낱이 서사한 것은 그 분량이 모두 같다.

이 큰 경권이 비록 분량이 대천세계와 같으나, 전체가 한 미진 속에 있으며, 한 미진과 같이 일체 미진도 다 또한 이와 같다.

이때 어떤 한 사람이 지혜가 밝게 통달하여 청정한 하늘눈을 구족하게 성취하여, 이 경권이 미진 속에 있어서 모든 중생들에게 조그만 이익도 없음을 보고는, 곧 이 생각을 하기를 '내가 마땅히 정진하는 힘으로 저 미진을 깨뜨리고 이 경권을 꺼내어서 일체 중생을 요익하게 하리라'라고 한다. 이 생각을 하고는 곧 방편을 일으켜 그 미진을 깨뜨리고 이 큰 경권을 꺼내어 모든 중생들로 하여금 널리 이익을 얻게 하였으며, 한 티끌과 같이 일체 미진도 다 그러함을 마땅히 알아야 한다.

불자들이여, 여래의 지혜도 또한 이와 같아서 한량없고 걸림 없어서 일체 중생을 널리 능히 이익하게 하는 것을 중생들의 몸속에 갖추어 있지만, 다만 모든 어리석은 범부는 허망한 생각과 집착으로 알지 못하고 깨닫지 못하여 이익을 얻지 못한다.

이때 여래께서 장애가 없는 청정한 지혜의 눈으로 법계의 일체 중생을 널리 관하고 이 말씀을 하시기를 '기이하고 기이하다, 이 모든 중생들이 어찌하여 여래의 지혜를 구족하고 있으면서도 어리석고 미혹하여 알지 못하고 보지 못하는가? 내가 마땅히 성인의 도로써 가르쳐 그들이 허망한 생각과 집착을 길이 여의게 하고 스스로 몸속에 여래의 광대한 지혜가 부처님과 더불어 다름이 없음을 보게 하리라'라고 하셨다.

곧 저 중생들을 가르쳐서 성인의 도를 닦아 익혀 허망한 생각을 여의게 하며, 허망한 생각을 여의고는 여래의 한량없는 지혜를 증득하여 일체 중생을 이익하고 안락하게 하신다.

불자들이여, 이것이 여래 마음의 열째 모양이니, 모든 보살마하살들은 마땅히 이와 같이 알아야 한다.

불자들이여 보살마하살이 마땅히 이와 같은 등 한량없고 걸림 없고 불가사의한 광대한 모양으로 여래 응정등각의 마음을 알아야 한다."

그때에 보현 보살마하살이 이 뜻을 거듭 밝히려고 게송을 설하여 말씀하였다.

모든 부처님의 마음을 알고자 하면
마땅히 부처님의 지혜를 관하라.
부처님의 지혜가 의지하는 곳 없음이

허공이 의지하는 바 없음과 같도다.

중생들의 갖가지 즐거움과
모든 방편과 지혜가
다 부처님의 지혜를 의지하지만
부처님의 지혜는 의지함이 없도다.

성문과 독각과
모든 부처님의 해탈이
다 법계를 의지하지만
법계는 늘어나고 줄어듦이 없도다.

부처님의 지혜도 이와 같아서
일체지를 내지만
늘어남도 없고 줄어듦도 없으며
남도 없고 다함도 없도다.

마치 물이 땅 속으로 스며 흐름에
구하면 얻지 못함이 없으니
생각도 없고 또한 다함도 없어서
공덕의 힘이 시방에 두루하듯이

부처님의 지혜도 이와 같아서
중생들의 마음에 널리 있으니

만약 부지런히 수행하면
빨리 지혜의 광명을 얻으리라.

마치 용에게 네 개의 구슬이 있어서
일체 보배를 내지만
깊고 비밀한 곳에 두어서
보통 사람은 볼 수 없듯이

부처님의 네 지혜도 또한 그러하여
일체지를 내지만
다른 사람들은 능히 보지 못하고
오직 큰 보살들은 제외하도다.

마치 바다에 네 개의 보배가 있어
일체 물을 능히 마셔서
바다가 흘러넘치지 않고
늘어나고 줄어듦이 없게 하듯이

여래의 지혜도 또한 그러하여
물결을 쉬고 법의 애착을 제거하며
광대하고 가없어서
부처님과 보살들을 능히 내도다.

하방에서 유정천에 이르기까지
욕계와 색계와 무색계가

일체 허공을 의지하되
허공은 분별하지 않듯이

성문과 독각과
보살 대중들의 지혜가
다 부처님의 지혜를 의지하되
부처님의 지혜는 분별이 없도다.

설산에 약왕이 있으니
이름이 '다함없는 뿌리'라
능히 일체 나무의 뿌리와
줄기와 잎과 꽃과 열매를 내도다.

부처님의 지혜도 이와 같아서

여래의 종자 속에서 나오니

보리를 이미 얻고는

다시 보살의 행을 내도다.

어떤 사람이 마른 풀을 잡아서

겁의 불에 넣으면

금강도 오히려 활활 타는데

이것이 타지 않을 리 없으니

삼세의 겁과 세계와

그 가운데 있는 중생들이여

저 풀은 타지 않는다 해도
부처님께서 알지 못함이 없으시도다.

바람이 있으니 이름이 '흩어 무너뜨림'이라
대천을 능히 깨뜨리니
만약 다른 바람이 막지 않으면
파괴가 한량없는 세계에 미치리라.

큰 지혜 바람도 또한 그러하여
모든 보살들의 의혹을 멸하는데
달리 훌륭하고 공교한 바람이 있어서
여래의 지위에 머무르게 하도다.

마치 큰 경권이 있어서
분량이 삼천계와 같지만
한 티끌 속에 있으며
일체 티끌도 모두 그러하도다.

한 총명하고 지혜로운 사람이 있어
청정한 눈으로 모두 밝게 보고
티끌을 깨뜨려 경권을 꺼내어
널리 중생들을 요익하게 하듯이

부처님의 지혜도 또한 이와 같아서
중생들의 마음에 두루 있지만

허망한 생각에 얽힌 바 되어
깨닫지 못하고 또한 알지 못하니

모든 부처님께서 크신 자비로
그들이 망상을 없애게 하시려고
이와 같이 이에 출현하시어
모든 보살들을 요익하게 하시도다.

〈대방광불화엄경 제51권〉

회향송

아차보현수승행
무변승복개회향
보원침익제중생
속왕무량광불찰

시방삼세일체불
제존보살마하살
마하반야바라밀

我此普賢殊勝行
無邊勝福皆迴向
普願沈溺諸眾生
速往無量光佛剎

十方三世一切佛
諸尊菩薩摩訶薩
摩訶般若波羅蜜

大方廣佛華嚴經
부록

●

대방광불화엄경 목차

●

간행사

대방광불화엄경
목차

〈제1회〉

제1권	제1품	세주묘엄품 [1]
제2권	제1품	세주묘엄품 [2]
제3권	제1품	세주묘엄품 [3]
제4권	제1품	세주묘엄품 [4]
제5권	제1품	세주묘엄품 [5]
제6권	제2품	여래현상품
제7권	제3품	보현삼매품
	제4품	세계성취품
제8권	제5품	화장세계품 [1]
제9권	제5품	화장세계품 [2]
제10권	제5품	화장세계품 [3]
제11권	제6품	비로자나품

〈제2회〉

제12권	제7품	여래명호품
	제8품	사성제품
제13권	제9품	광명각품
	제10품	보살문명품
제14권	제11품	정행품
	제12품	현수품 [1]
제15권	제12품	현수품 [2]

〈제3회〉

제16권	제13품	승수미산정품
	제14품	수미정상게찬품
	제15품	십주품
제17권	제16품	범행품
	제17품	초발심공덕품
제18권	제18품	명법품

〈제4회〉

<u>제19권</u> 제19품 승야마천궁품

　　　　　제20품 야마궁중게찬품

　　　　　제21품 십행품 [1]

<u>제20권</u> 제21품 십행품 [2]

<u>제21권</u> 제22품 십무진장품

〈제5회〉

<u>제22권</u> 제23품 승도솔천궁품

<u>제23권</u> 제24품 도솔궁중게찬품

　　　　　제25품 십회향품 [1]

<u>제24권</u> 제25품 십회향품 [2]

<u>제25권</u> 제25품 십회향품 [3]

<u>제26권</u> 제25품 십회향품 [4]

<u>제27권</u> 제25품 십회향품 [5]

<u>제28권</u> 제25품 십회향품 [6]

<u>제29권</u> 제25품 십회향품 [7]

<u>제30권</u> 제25품 십회향품 [8]

<u>제31권</u> 제25품 십회향품 [9]

<u>제32권</u> 제25품 십회향품 [10]

<u>제33권</u> 제25품 십회향품 [11]

〈제6회〉

<u>제34권</u> 제26품 십지품 [1]

<u>제35권</u> 제26품 십지품 [2]

<u>제36권</u> 제26품 십지품 [3]

<u>제37권</u> 제26품 십지품 [4]

<u>제38권</u> 제26품 십지품 [5]

<u>제39권</u> 제26품 십지품 [6]

〈제7회〉

<u>제40권</u> 제27품 십정품 [1]

<u>제41권</u> 제27품 십정품 [2]

<u>제42권</u> 제27품 십정품 [3]

<u>제43권</u> 제27품 십정품 [4]

<u>제44권</u> 제28품 십통품

　　　　　제29품 십인품

<u>제45권</u> 제30품 아승지품

　　　　　제31품 수량품

　　　　　제32품 제보살주처품

<u>제46권</u> 제33품 불부사의법품 [1]

<u>제47권</u> 제33품 불부사의법품 [2]

제48권 제34품 여래십신상해품

제35품 여래수호광명공덕품

제49권 제36품 보현행품

제50권 제37품 여래출현품 [1]

제51권 제37품 여래출현품 [2]

제52권 제37품 여래출현품 [3]

〈제8회〉

제53권 제38품 이세간품 [1]

제54권 제38품 이세간품 [2]

제55권 제38품 이세간품 [3]

제56권 제38품 이세간품 [4]

제57권 제38품 이세간품 [5]

제58권 제38품 이세간품 [6]

제59권 제38품 이세간품 [7]

〈제9회〉

제60권 제39품 입법계품 [1]

제61권 제39품 입법계품 [2]

제62권 제39품 입법계품 [3]

제63권 제39품 입법계품 [4]

제64권 제39품 입법계품 [5]

제65권 제39품 입법계품 [6]

제66권 제39품 입법계품 [7]

제67권 제39품 입법계품 [8]

제68권 제39품 입법계품 [9]

제69권 제39품 입법계품 [10]

제70권 제39품 입법계품 [11]

제71권 제39품 입법계품 [12]

제72권 제39품 입법계품 [13]

제73권 제39품 입법계품 [14]

제74권 제39품 입법계품 [15]

제75권 제39품 입법계품 [16]

제76권 제39품 입법계품 [17]

제77권 제39품 입법계품 [18]

제78권 제39품 입법계품 [19]

제79권 제39품 입법계품 [20]

제80권 제39품 입법계품 [21]

간 행 사

　귀의삼보 하옵고,

『대방광불화엄경』의 수지 독송과 유통을 발원하면서 수미정사 불전연구원에서 『독송본 한문·한글역 대방광불화엄경』과 『사경본 한글역 대방광불화엄경』을 편찬하여 간행하게 되었습니다.

『화엄경』은 우리나라에 전래된 이래 일찍부터 사경되고 주석·강설되어 왔으며 근현대에 이르러서는 『화엄경』의 한글 번역과 연구도 부쩍 많이 이루어졌습니다. 그만큼 『화엄경』이 우리 불자님들의 신행과 해탈에 큰 의지처가 되었던 것임을 알 수 있습니다.

『화엄경』을 독송하고 사경하는 공덕은 설법 공덕과 함께 크게 강조되어 왔습니다. 그리하여 수미정사 불전연구원에서도 『화엄경』(80권)을 독송하고 사경하는 데 도움이 되도록 한문 원문과 한글역을 함께 수록한 독송본과 한글역의 사경본 『화엄경』 간행불사를 발원하였습니다. 이 『화엄경』 간행불사에 뜻을 같이하여 적극 후원해주신 스님들과 재가 불자님들께 깊이 감사드립니다. 또한 『화엄경』을 수지 독송할 수 있도록 경책의 모습으로 장엄해 주신 편집위원들과 담앤북스 출판사 관계자들께도 고마움을 표합니다.

　끝으로 이 불사의 원만 회향으로 『화엄경』이 널리 유통되고, 온 법계에 부처님의 가피가 충만하시길 기원드립니다.

　나무 대방광불화엄경

불기 2564년 '부처님오신날'을 봉축하며
수미해주 합장

위태천신(동진보살)

수미해주 須彌海住

호거산 운문사에서 성관 스님을 은사로 출가, 석암 대화상을 계사로 사미니계 수계, 월하 전계사를 계사로 비구니계 수계, 계룡산 동학사 전문강원 졸업, 동국대학교 불교대학 및 동 대학원 졸업, 철학박사, 가산지관 대종사에게서 전강, 동국대학교 불교대학 교수, 동학승가대학 학장 및 화엄학림 학림장, 중앙승가대학교 법인이사 역임.
(현) 수미정사 주지, 동국대학교 명예교수.
저·역서로 『의상화엄사상사연구』, 『화엄의 세계』, 『정선 원효』, 『정선 화엄1』, 『정선 지눌』, 『법계도기총수록』, 『해주스님의 법성게 강설』 등 다수.

사경본 한글역
대방광불화엄경 제51권

| 초판 1쇄 발행_ 2024년 12월 24일

| 엮은이_ 수미해주
| 엮은곳_ 수미정사 불전연구원
| 편집위원_ 해주 수정 경진 선초 정천 석도 박보람 최원섭
| 편집보_ 무이 무진 지욱 혜명

| 펴낸이_ 오세룡
| 펴낸곳_ 담앤북스
　　　　 서울특별시 종로구 새문안로3길 23 경희궁의 아침 4단지 805호
　　　　 대표전화 02)765-1251　전자우편 dhamenbooks@naver.com
　　　　 출판등록 제300-2011-115호
| ISBN_ 979-11-6201-513-1　04220